CATALOGUE

d'une belle collection

DE

TABLEAUX

DES ÉCOLES

Italienne, Flamande, Hollandaise et Française,

Formant le Cabinet de M. Stevens,

DONT LA VENTE AURA LIEU

Les Lundi 1, Mardi 2, Mercredi 3, et Jeudi 4 Mars 1847.

A UNE HEURE PRÉCISE,

Par le ministère de Me BONNEFONS DE LAVIALLE, Commre-Priseur,
rue Choiseul, 11,

Assisté de M. SIMONET, Expert, rue l'Évêque, 1,

HOTEL DES VENTES,
RUE DES JEUNEURS, N. 16,

SALLE N° 1.

—◦○◦—

EXPOSITION PUBLIQUE

Les Samedi 27 et Dimanche 28 Février 1847, de midi à 5 heures.

PARIS,

IMPRIMERIE ET LITHOGRAPHIE DE MAULDE ET RENOU,
rue Bailleul, 9 et 11, près du Louvre.

—

1847

Villes de l'étranger où se distribue le catalogue.

Chez MM.

A Londres ....
- SMITH, New-Bond street, 1837.
- BUCHANAN, Pall-Mall, 46.
- PHILLIPS, commissaire-priseur, New Bond street, 73.
- ARTARIA, Saint-James street, 26.
- MAWSON, Berners street, Oxford street, 3.
- COLNAGHI (Domenico), Pall-Mall.

A Bruxelles ....
- HÉRIS, rue Royale, 104.
- LEROY (Etienne), rue Fossés-aux-Loups, 64.

A Amsterdam ....
- BRONDGHEEST, Heeren Graght, 30.
- DE LÉLIE, Keysers Graght, 9. Amstel,
- G. C. ROOS.

A La Haye......... ENTHOVEN, Plein, 214.
A Anvers......... VERLINDEN, rue Bourse-Anglaise.
A Rotterdam......... LAMME.
A Manheim......... ARTARIA et FONTAINE.
A Saint-Pétersbourg... BELLIZARD et Compagnie, libraires.
A Vienne......... ROZEMANN et SCHWEIGER.
A Rome......... DURANTINI, peintre.
A Florence......... RICCIERI, marchand de tableaux
A Gênes......... ISOLA, peintre.
A Milan......... VALLARDI, contrada Sta-Margarita.
A Turin......... BUCHERON, peintre-dessinateur du roi.
A Venise......... SANQUÉRICO, piazza San-Marco.
A Berlin......... SELKE.
A Munich......... BRULIOT, conservateur du musée.

CONDITIONS DE LA VENTE.

ARTICLE PREMIER.

La vente aura lieu au comptant.

ART. 2.

Les adjudicataires paieront cinq pour cent en sus des enchères, applicables aux frais.

ORDRE DE LA VENTE.

Elle aura lieu les lundi 1er, mardi 2, mercredi 3 et jeudi 4 mars, à une heure précise.

EXPOSITION PUBLIQUE.

Les samedi 27 et dimanche 28 février de midi à 5 heures.

AVANT-PROPOS.

La collection dont nous donnons ci-après le catalogue a été formée par M. Stevens dans l'espace de quinze années environ. Les belles productions des Écoles du nord, qui y occupent une place distinguée, sont le résultat heureux de plusieurs voyages entrepris, par le propriétaire, en Allemagne, en Flandre et en Hollande; très peu de ces tableaux, ayant été acquis en France, sont, pour la plupart, inconnus à Paris.

M. Stevens, amateur passionné des beaux-arts, et en position de satisfaire ses goûts, ne possédait ses tableaux que pour sa jouissance personnelle, et s'il a pris la résolution de s'en défaire ce n'est pas par suite de désillusion, bien au contraire : il n'agit uniquement que pour des raisons particulières.

Cette belle et nombreuse collection fourmille en productions des premiers maîtres de toutes les Écoles. La nomenclature succincte qui suit en fournira la preuve.

ÉCOLE D'ITALIE.

Raphaël, Léonard de Vinci, André del Sarto, Francia, Bellini, Dominiquin, Carlo Dolci, Albane,

Le Gaspre, Carlo Maratto, ainsi que Murillo et Moralès, de l'école espagnole.

Les productions des Écoles flamande et hollandaise, devenues si rares en France, y figurent en grand nombre, les unes du premier mérite, les autres du meilleur choix de maîtres de différents ordres, représentant des sujets agréables et de tous les genres, tels que Berchem, Both, Cuyp, Denner, G. Dow, Hobbema, Karel du Jardin, Mieris, P. Neefs, A. Ostade, P. Potter, Rembrandt, Rubens, J. Ruysdael, J. Steen, G. et A. Van den Velde, Weenix, Wouvermans, Wynants, Asselin, Bega, Berkheyden, Brackenbourg, Breenborg, Vander Does, Dussaert, Hondekoeter, Hugtenbourg, G. Hoet, Gonzales-Coques, Keyser, le Duc, Momers, Porbus, Steenwick, Vintranck, Holbein.

La collection est riche en tableaux de l'école primitive, appelés gothiques; on y verra des œuvres remarquables de Cranach, Van Dyck, Engelbrecht, Albert Durer, Hemelinck, Lucas de Leyde, et beaucoup d'autres.

Aux tableaux dont on vient de citer les noms, sont réunis d'aimables productions de l'école française, par Boucher, Gillot, Jaurat, Mignard, Pater, Stella, Watteau, Wille, etc., et surtout une suite extrêmement rare, pour ne pas dire introuvable, de sept tableaux peints par Raoux et représentant de charmants sujets dans le goût du siècle de Louis XV, dignes d'orner les plus somptueux palais de l'Europe;

Dans l'impossibilité de décrire parfaitement et de juger avec certitude une quantité prodigieuse de tableaux occupant des places élevées dans des pièces constamment fréquentées par les nombreux visiteurs de M. Stevens, nous avons été obligé de suivre en grande partie les attributions du catalogue savamment rédigé il y a quelques années. Les attributions s'accordant avec celles que les tableaux portaient dans les cabinets d'où ils proviennent : MM. les amateurs n'auront plus qu'à rectifier les erreurs de noms, s'il en existe, durant les deux jours d'exposition qui précéderont la vente.

DÉSIGNATION DES TABLEAUX.

―――◦◊◦―――

ÉCOLES ITALIENNE ET ESPAGNOLE.

ALBANE (Francesco Albani).

1 — Le repos de Vénus et de Vulcain.

Tandis que Vulcain se repose près de Vénus, des Amours forgent des traits, les aiguisent, les essaient, forment des arcs, en un mot montrent leur adresse en présentant à la déesse un bouclier percé de flèches.

ALBANE (Francesco Albani).

2 — Vénus et Adonis.

Tout cède à l'empire des Amours. L'un d'eux conduit Adonis aux pieds de Vénus endormie. D'autres Amours, placés près du lit de la déesse, semblent, par leurs signes, recommander le silence.

ANDRÉ DEL SARTE.

3 — La Sainte-Famille.

La Vierge, les yeux fixés sur son enfant, paraît émue de tendresse, et saint Joseph, l'air pensif, met toute son attention à la considérer.

ANDRÉ DEL SARTE.

4 — La Sainte-Famille.

Marie présente à saint Jean l'Enfant-Jésus qui reçoit ses caresses : sainte Anne et un Ange sont près d'eux.

ANDRÉ DEL SARTE.

5 — L'Enfant-Jésus caressant sa mère.

BELLINI (Jean).

6 — Sainte-Famille et plusieurs Saints.

La Vierge, les mains jointes, contemple avec amour son divin fils; elle est accompagnée de saint Jean-Baptiste, Saint Joseph, sainte Agnès et sainte Rosalie.

On retrouve dans cette production de la primitive école d'Italie une sagesse de dessin et une expression toute céleste dans les têtes.

CARRACHE.

7 — Femme nue surprise par un Satyre.

CARRACHE (École du).

8 — La distribution des aumônes.

Ce tableau peut bien avoir été peint par Rottenhamer.

CIGNANI (Carlo).

9 — La Déesse de la Nuit.

Elle est personnifiée sous les traits d'une belle femme, de forte proportion, vêtue d'une tunique noire, la poitrine couverte d'une gaze légère, et entourée de pavots.

CORRÈGE (d'après).

10 — Sainte Madeleine en méditation.

Elle est couchée dans l'intérieur d'une grotte, la tête appuyée sur sa main; un livre ouvert devant elle captive toute son attention. Charmante copie ancienne et bien conservée.

DOLCI (CARLO).

11 — Tête de Vierge.

La Vierge est vue presque à mi-corps, la tête humblement penchée; elle a la main droite posée sur sa poitrine.

DOLCI (CARLO).

12 — La Vierge Marie.

Elle est représentée en buste, les mains jointes, les yeux baissés et la tête couverte d'un manteau bleu; son attitude est celle d'une personne qui se livre à de saintes réflexions; ses traits reflètent l'image de toutes les vertus.

DOLCI (CARLO).

13 — Le Christ au roseau.

Pendant du précédent.

DOMINIQUIN.

14 — Saint Jean.

Forte proportion de nature.

DOMINIQUIN.

15 — Diane découvrant la grossesse de Calysto.

La déesse de la Chasse est entourée de ses Nymphes.
Ce tableau est gravé.

GAROFOLO.

16 — Portrait du peintre.

Il tient à la main un œillet, fleur symbolique à son nom.

GIORGION (École du).

17 — Deux jeunes femmes au bain.

L'une d'elle, vue de dos, est déjà dans l'eau jusqu'aux genoux, et l'autre, dégagée de ses vêtements, se coiffe d'un mouchoir. Cette peinture est gracieuse et d'une séduisante couleur.

FRANCIA (FRANCESCO).

18 — Portrait d'un savant.

Il porte le costume de l'époque de Raphaël, dont Francia était disciple.

GASPRE POUSSIN.

19 — Paysage et ruines.

Dans une contrée de l'Italie, et sous l'ombrage de massifs d'arbres, on aperçoit un reste de portique d'architecture; au loin des fabriques ruinées par le temps, et des eaux tombant à travers les rochers.

LÉONARD DE VINCI.

20 — Lucrèce se poignardant.

Figure à mi-corps dont l'exécution offre une suavité qui fait oublier ce que le sujet a de pénible à voir.

LUINI.

21 — Figure de Vierge de Douleurs.

MARATTE (CARLO).

22 — Le Sommeil de l'Enfant-Jésus.

La Vierge soulève avec une précaution maternelle le voile qui couvre son fils.

MARATTE (CARLE).

23 — L'Assomption.

Marie, reposant sur le globe, est entourée d'une auréole et de plusieurs Chérubins.

MORALÈS, surnommé le Divin.

24 — Le Christ portant sa croix.

Cette tête couronnée d'épines est l'image expressive de la résignation divine.

MORO (Antonio).

25 — Portrait d'homme.

MORO (Antonio).

26 — Portrait d'homme.

Il est coiffé d'une toque, son costume est celui des savants de l'époque.

L'expression vraie et le naturel sont les qualités qui ont rendu recommandables les portraits de ce peintre.

MURILLO.

27 — L'Extase de saint François.

L'auteur de cette belle peinture l'a traitée avec un soin tout particulier, et bien certainement il serait difficile d'en rencontrer une autre qui fut en même temps aussi caressée, aussi agréable et d'une dimension aussi propre à la faire admettre dans tous les cabinets.

MURILLO (École de).

28 — L'Assomption.

La Vierge, les mains humblement jointes, est portée sur une gloire céleste.

PALME.

29 — L'Adoration des Mages.

RAPHAEL.

30 — Sainte-Famille dite la Vierge de Lorette.

Marie debout, les yeux tournés vers son fils couché sur un petit lit, soulève avec précaution le voile qui le couvre; l'enfant divin tend les bras à sa mère ; à la gauche de la Vierge est placé saint Joseph qui regarde cette scène avec intérêt.

Pour faire sentir toute l'importance de ce tableau, nous commencerons par dire qu'en Italie il a été reconnu pour être de la main de Raphaël, et qu'à Paris même cette opinion a été appuyée par celle de plusieurs amateurs distingués; en effet, le style de Raphaël se montre ici dans diverses parties : c'est bien là son coloris, ce sont bien ses airs de tête, sa manière de peindre les chairs et les draperies.

Plusieurs compositions semblables sont dans les différents musées de l'Europe : à Milan, à Rome, à Naples et dans d'autres villes : les unes attribuées à Raphaël, les autres à Jules Romain ou à Penni dit le *Fattore*, sans qu'aucune puisse élever des prétentions sérieuses à l'authenticité.

Quant à l'original il n'a pas reparu depuis des siècles : on sait qu'il fut commandé à Raphaël, par le pape Jules II, et placé à l'église *Santa-Maria del Popolo*, à Rome, en même temps que le fameux portrait de ce pape qui est aujourd'hui au palais Pitti. En 1575, Sandrart l'y trouva encore (Voyez Sandrart, *Academia nobilissime picturæ*, page 121); dans la même année, Giorgio Mantuano publia une gravure d'après le tableau original, qui a disparu depuis, sans qu'on en ait retrouvé la trace.

L'ouvrage que nous présentons au public a certainement un mérite éminent; il est incontestablement de l'époque, personne ne saurait en douter, et la simple inspection du panneau le prouverait quand même l'exécution tout-à-fait Raphaëlesque du tableau ne serait pas là pour l'attester.

Mais comme de puissantes raisons ne sont pas pour tout le monde des preuves suffisantes et propres à inspirer une entière conviction, nous engageons les personnes qui resteraient incertaines, à ne négliger aucun des moyens dont elles jugeront à propos de faire usage, pour parvenir sur ce point à la connaissance de la vérité; nous nous contenterons de dire que la Sainte-Famille, dont il s'agit, est un ouvrage remarquable, tout-à-fait digne d'occuper une place dans un musée royal.

RAPHAEL (Style de).

31 — Portrait d'homme.

SALVATOR ROSA.

32 — La Forêt enchantée.

Un passage du treizième chant de la *Jérusalem Délivrée* a suggéré à Salvatore la pensée de ce tableau. Voici à peu près comment le peintre a rendu ce que lui a inspiré le poète : Tancrède et ses frères d'armes sont au milieu d'une forêt dont les arbres à leur approche prennent des formes humaines, et que Tancrède se dispose à frapper.

« Enfin il tire son épée, et de toute sa force il frappe le cyprès.
« O prodige ! le sang coule de l'écorce et va rougir la terre. Le
« héros frémit ; mais il redouble, résolu d'approfondir ce mystère :
« alors il entend sortir comme du sein d'un tombeau de longs
« gémissements. » *(Chant treizième.)*

SASSO FERRATO.

33 — La Vierge en prière.

Tête de Vierge légèrement inclinée et ayant les yeux baissés : elle a les mains jointes et semble adorer son divin fils ; un voile blanc lui couvre le sommet de la tête et descend sur ses épaules.

SASSO FERRATO.

34 — La Vierge en prière.

Un voile lui couvre le sommet de la tête et descend sur ses vêtements composés d'une robe rouge et d'un manteau bleu.

SÉBASTIEN DEL PIOMBO.

35 — Portrait du célèbre Benvenuto Cellini.

On reconnait le pinceau du célèbre élève de Michel-Ange dans ce portrait d'un style bien accusé et où tout décèle la grande école.

TINTORET.

36 — La Résurrection de Notre-Seigneur.

TINTORET.

37 — Portrait d'homme portant barbe et cheveux blancs.

TINTORET.

38 — Le Supplice de Saint Roch.

Esquisse terminée et d'une belle couleur.

TITIEN.

39 — La Vierge présente l'Enfant-Jésus à la vénération d'un pontife.

TITIEN.

40 — Portrait d'homme.

On le voit à mi-corps debout et vêtu richement, la main posée sur une table couverte d'un tapis ; la tête a un caractère à la fois noble et sévère.

UCCELLO (PAOLO).

41 — Portraits de cinq Artistes florentins.

« Malgré son étrangeté, P. Uccello avait en haute vénération
« les représentants des arts; désirant transmettre leurs traits à la
« postérité, il conservait un tableau long dans lequel il avait in-
« troduit le peintre Giotto, l'architecte Pilippo Brunelleschi, le
« sculpteur Donatello, le mathématicien Giovanni Manetti, son in-
« time ami, avec lequel il avait de fréquents entretiens sur
« Euclide. Enfin il se plaça lui-même à côté de ces hommes
« comme peintre de perspective et d'animaux. »

(VASARI, *Vie de Paolo Uccello.*)

ZUCCARO (FREDERIC).

42 — La Création d'Éve.

Le moment choisi par le peintre est celui où le Seigneur vient de former la première femme d'une des côtes d'Adam pendant son sommeil. Celui-ci est couché à terre près d'Éve qui s'incline vers le Seigneur dont elle écoute les paroles avec une respectueuse attention.

ÉCOLES FLAMANDE, HOLLANDAISE ET ALLEMANDE.

AELST (Van).

43 — Fleurs de diverses espèces dans un vase posé sur une table de marbre.

ANGUS (M. William) d'Anvers.

44 — Le Chasseur endormi.

A la porte d'un confortable cabaret hollandais, orné d'une treille à l'ombre de laquelle un chasseur attablé s'est endormi, on voit le maître du logis, accompagné d'un habitué et placé dans une salle contiguë dont la fenêtre est ouverte, chercher, en avançant le bras, à enlever un jambon resté sur la table; ils rient d'avance à l'idée de la mine du dormeur à son réveil; dans la salle d'entrée un autre chasseur cause avec l'hôtesse. Tableau bien peint, bien composé, et dont l'auteur s'est inspiré de Pierre de Hooch, pour la couleur et l'effet.

ANGUS (William).

45 La Leçon de musique.

Dans un appartement, richement décoré, une jeune femme, placée devant une table recouverte en partie d'un tapis en point de Turquie, sur lequel est posé un cahier de musique, étudie en s'accompagnant de la mandoline; son maître, assis près d'elle, joue de la basse.

ANGUS (William).

46 — Épisode de la vie de Bélisaire.

Le célèbre Romain est assis près d'un monument en ruines ombragé d'arbres; son fils s'est endormi la tête appuyée sur ses genoux.

ANGUS (John).

47 — La Châtelaine.

Sur la terrasse d'un château gothique, une charmante dame, accompagnée de son époux, et de sa suite composée de gentilshommes, de dames d'honneur et de pages, regarde une jeune fille former des pas gracieux en s'accompagnant du tambour de basque; le caractère de chacun des personnages est admirablement bien rendu, le coloris est brillant et bien en harmonie avec le sujet; de plus, un pinceau facile et suave achève de faire de ce tableau une des plus agréables productions de l'école moderne hollandaise.

ASSELYN (Jean).

48 — Site d'Italie traversé par des ponts et des aqueducs.

BACKHUYSEN.

49 — Mer houleuse.

A l'approche de gros et sombres nuages, indice certain d'un violent et prochain orage, plusieurs bâtiments et barques de pêcheurs se hâtent de manœuvrer pour rentrer dans le port.

BACKHUYSEN (Attribué à).

50 — Marine.

Des bateaux pêcheurs et quelques navires sillonnent, à pleines voiles, une mer agitée par un gros vent, et s'empressent d'arriver au port que l'on voit dans l'éloignement.

BALEN et KIERINX (Van).

51 — Le Retour de la chasse.

On voit dans le milieu d'une forêt Diane assise au pied d'un arbre et entourée de Nymphes qui s'empressent de la débarrasser de ses armes et d'une partie de ses vêtements. Le complément de la cour de la déesse, au nombre de trois belles femmes, accourt à elle et paraît vouloir la féliciter du succès de sa chasse ; et, en effet, sous ses flèches sont tombés les biches, les lièvres, les faisans, les perdrix ; en un mot, l'immense butin qui jonche le sol.

BEELDEMAKER (Jean).

52 — Chasse au cerf dans un vaste paysage.

Ce peintre peignait des sujets de chasse qui, de son vivant, lui acquirent une certaine célébrité ; il aimait à composer de grandes pages pour la décoration des appartements ; ses ouvrages de chevalet sont extrêmement rares.

BEERSTRAATEN (Jean).

53. Le port d'Amsterdam vu dans toute la partie qu domine la ville.

Des barques marchandes, des bâtiments chargés de passagers, des navires à trois mâts couvrent la surface de ce vaste bassin. C'est la plus belle page de ce peintre fécond, dont la couleur est un des caractères distinctifs de son talent. Les figures y sont multipliées à l'infini et variées de costumes et de poses ; on ne pouvait donner une idée plus exacte de la localité.

BEERSTRAATEN (Jean).

54 — Port de mer : Vue extérieure des monuments de la ville et des forts qui la défendent.

La mer est couverte de navires de différentes nations, parmi lesquels on remarque un vaisseau à trois mâts qui fait le salut à son entrée en rade ; ouvrage très capital de ce peintre.

BEERSTRAATEN (Jean).

55 — Débarquement de Guillaume III à Douvres.

Une multitude de soldats viennent de débarquer ; ils remplissent le rivage et les forts ; des vaisseaux de toutes dimensions sont à la voile et à l'ancre ; des barques remplies de matelots et de soldats s'empressent de prendre terre. — Tableau intéressant sous le rapport historique.

BÉGA (Corneille).

56. — Intérieur de tabagie flamande.

Plusieurs personnages assis devant une table ont engagé une partie de cartes devant des spectateurs qui paraissent donner leur avis. — Bon tableau de ce maître.

BÉGA (Corneille).

57 — Intérieur de chambre basse.

Tandis que quatre villageois s'entretiennent ensemble, un de leurs camarades cause avec une femme qui allaite son enfant.

BEGYN (Abraham).

58 — Bergère gardant un troupeau.

Sur un monticule, et près d'un rocher surmonté d'arbres, une jeune fille, vêtue d'un jupon rouge et d'un corset bleu, garde son troupeau de chèvres et moutons ; en opposition de ce groupe est un arbre dépouillé de ses branches, au pied duquel sont des ronces, des chardons et d'autres plantes sauvages.

BERCHEM (Nicolas).

59 — Paysage et animaux.

Une jeune villageoise trait sa vache, un paysan la regarde ; plus loin, d'autres bestiaux sont confiés à ses soins.

Tous les sujets de Berchem sont exprimés avec une facilité de pinceau, un brillant d'exécution et une coquetterie séduisante : ici la couleur est agréable et les animaux ont tout l'intérêt qu'une habile main pouvait leur donner.

BERCHEM.

60 — Le Passage du gué.

Paysage montagneux baigné au milieu d'une rivière, sur le bord de laquelle on remarque à gauche deux pâtres, un enfant, un cheval, une vache et un chien, attendant qu'une femme ait fait traverser le gué à deux autres vaches; au loin plusieurs pâtres conduisant des bestiaux abordent la rive opposée.

BERCHEM (Première manière de).

61 — Paysage et animaux.

Une fille de basse cour est occupée à traire une vache dans un paysage à effet de soleil; elle surveille en même temps un nombreux troupeaux de bestiaux.

BERCHEM.

62 — Le Passage du gué.

La gauche et une partie du devant sont baignées par une rivière que des pâtres font traverser à un nombreux troupeau de bœufs, vaches, chèvres et moutons; au delà sont une colline et une tour; la droite est formée de rochers entre lesquels poussent de jeunes arbres dont le feuillage léger se détache sur un ciel vaporeux.

BERKHEYDEN (Guérard).

63 — Intérieur de ville.

La place du marché aux légumes d'une ville hollandaise ornée de jolies figures spirituellement touchées. Très bon tableau de ce maître.

BERKHEYDEN (GUÉRARD).

6 — Vue d'un canal de la Hollande.

Il est bordé d'arbres; quelques barques à la voile voguent vers une ville que l'on aperçoit dans le lointain.

BOL (FERDINAND).

65 — Portrait d'homme.

Il est représenté à mi-corps, presque de face, regardant le spectateur, coiffé d'une toque et vêtu d'un manteau négligemment jeté autour de lui; il tient ses gants à la main. Coloris vrai, modelé parfait, expression de vie, tout ce qui constitue un bon portrait s'y trouve réuni.

BOL 1650 (*Signé* FERDINAND).

66 — Portrait de femme.

Noble figure hollandaise vue de trois quarts et presque en pied; elle est vêtue d'une robe noire et coiffée en cheveux noués avec des rubans; un collier de perles orne son cou, et elle tient un éventail de la main droite.

BOTH (d'Italie).

67 — Paysage et animaux.

Tableau capital, éclairé par un effet de soleil indiquant le déclin du jour. Le site est montagneux, baigné par une rivière traversée d'un pont; sur le devant des bergers conduisant leurs troupeaux.

BOTH (ANDRÉ).

68 — Porte de ville d'Italie.

Lazaroni et gens du peuple rassemblés devant des marchands de liqueurs en dehors de la ville.

BRAKENBOURG (RENIER).

69 — Intérieur d'Estaminet.

Nombreuse société d'hommes, de femmes et d'enfants; les uns sont attablés, boivent ou fument, tandis que les autres jouent ou causent.

On peut regarder ce joli tableau comme un de ceux où le peintre a apporté toute la perfection de son talent.

BREKLENKAMP.

70 — Le Ménage hollandais.

Homme au repos, et vieille femme s'occupant des apprêts d'un repas.

BREEMBERG (BARTHOLOMÉ).

71 — Les Baigneuses.

Vénus sortant du bain. Elle est servie par une Nymphe et accompagnée d'Amours.

BREEMBERG.

72 — Paysages et ruines.

Des Bergers gardent leurs troupeaux contre des édifices romains tombés en ruine.

Cet échantillon est de la qualité du grand tableau qui dépendait de la collection du prince de Conti.

BREUGHEL.

73 — Bataille entre deux corps d'armée ennemis.

BREUGHEL.

74 — Paysage.

La Vierge assise au pied d'un arbre, tenant l'Enfant-Jésus sur ses genoux, le présente à l'adoration des Anges.

CALCAR (JEAN).

75 — Divers épisodes de la Passion.

Le drame de la Rédemption est représenté en plusieurs sujets dans le même tableau. A droite les bourreaux dépouillent Jésus de ses vêtements; au milieu on le voit assis sur une pierre près de la croix; à gauche il se dirige vers le Calvaire, succombant sous le poids de l'instrument de son supplice, et suivi des bourreaux qui le frappent; au loin enfin on distingue le lieu où le sacrifice fut consommé.

CARRÉ (HENRI).

76 — L'Adoration des Bergers.

Ils sont rassemblés dans l'intérieur d'un édifice en ruines servant d'étable. Dans le haut des Anges célèbrent cet événement.

COLONIA.

77 — Paysage.

Villageois conduisant un troupeau de gros et menu bétail vers un courant d'eau dans lequel un homme étanche sa soif.

Colonia ici s'est inspiré de Pynaker.

CRANACH (Lucas).

78 — Portrait de Catherine de Bora, femme de Luther.

Elle est représentée debout, un peu plus qu'en buste, et vue presque de face ; ses cheveux sont renfermés sous un filet doré garni de perles; le reste de l'ajustement se compose d'une tunique noire à collet, surmontée d'une chemise garnie de broderies.

Une parfaite conservation ajoute au mérite de ce tableau dont l'exécution est des plus soignées.

CUYLENBOURG.

79 — Baigneuses dans une grotte.

Pour se remettre des fatigues de la chasse, Diane, suivie de ses Nymphes, est venue chercher le frais et le repos dans une vaste grotte où l'on voit un tombeau antique et une statue près de laquelle la déesse est assise sur ses vêtements. Elle cause avec trois de ses Nymphes, et les autres sont sur le bord ou dans l'onde d'une rivière qui coule au second plan.

Nous n'avons rien vu, de ce maître, d'aussi parfait ni de mieux conservé.

CUYLENBOURG.

80 — Sujet tiré d'un conte de Bocace.

Dans l'intérieur d'une vaste grotte et parmi des tombeaux, un berger, gardant un troupeau de moutons et de chèvres, s'entretient avec une jeune femme assise près du tombeau de son époux. Une ouverture, pratiquée dans le fond de cette espèce de nécropole, laisse voir la campagne.

Ce tableau est de la plus belle qualité.

CUYP (Albert).

81 — Portrait de petite fille.

Elle est vue debout dans un paysage, la tête ornée d'une couronne de fleurs. Son vêtement se compose d'une robe blanche attachée par une ceinture de soie ; une de ses mains s'appuie sur sa houlette et elle présente de l'autre des herbages à un mouton.

CUYP (Albert).

82 — Portrait d'un jeune garçon. (Pendant du précédent.)

Ce charmant enfant, également représenté dans un paysage, a un carquois sur l'épaule, son arc dans une main et un dard dans l'autre.

Rien n'est naïf comme ces fraîches et aimables figures : un air de belle santé s'annonce par le vermeil de leur teint et par cette physionomie enjouée, caractère distinctif de la bonté de l'enfance.

CUYP (Albert).

83 — Le Départ de la flotte.

A main gauche, un vaisseau donne le signal du départ en tirant un coup de canon. Au milieu un navire, les voiles déployées, s'éloigne du rivage, mais à défaut de vent un matelot file un grelin pour le remorquer à deux de ses camarades qui sont dans une chaloupe ; plusieurs navires et quelques barques voguent dans le lointain.

Un homme et une femme causent sur la plage à peu de distance d'un pêcheur qui retire ses filets de l'eau.

CUYP (Albert).

84 — L'Annonce aux Bergers.

Ils sont, pour la plupart, prosternés devant l'Ange du Seigneur qui vient leur annoncer la naissance du Messie. De nombreux groupes d'animaux, d'une exécution savante et d'une bonne couleur, enrichissent cette belle composition.

CUYP (Albert).

85 — Paysage et animaux.

A gauche, un groupe de quatre vaches, dont deux sont couchées dans la prairie ; elles sont gardées par un pâtre qui indique son chemin à un villageois monté sur un âne chargé de paniers ; plus loin une haute coline, quelques fabriques italiennes et un aqueduc ; au milieu, vers le second plan, une rivière baigne des bords fertiles, et des montagnes bornent l'horizon.

CUYP (Albert).

86 — Portrait de Cromwell.

Le Protecteur s'offre à la vue debout et vu jusqu'aux genoux, presque de face, nu-tête et le regard assuré : il porte moustache ; un col brodé tombe sur sa cuirasse ; de la main gauche il tient son manteau négligemment jeté autour de son corps.

CUYP (Albert).

87 — Portraits de deux époux.

Ces personnages sont côte à côte et se donnent la main ; leur costume annonce la richesse.

DALENS (Dirck).

88 — Paysage.

Le milieu est baigné par une rivière qui coule en serpentant à travers un pays montagneux ; à gauche une église et des maisons sur le bord du fleuve ; du côté opposé, une forêt traversée d'un chemin sur lequel sont des voyageurs.

DALENS (Dirck).

89 — Pendant du précédent.

Au bas d'une montagne, sur laquelle est un château, un villageois conduit un chariot vers un pont ; plus loin, des bergers gardent leurs moutons. Sur le bord d'une rivière, qui serpente à travers une campagne fertile, quelques habitations, des monts lointains répandent sur le point de vue la plus agréable variété.

Ces deux bons tableaux paraissent représenter des vues du Rhin ; les figures et animaux sont de la main de Barent Gaël.

DECKER.

90 — Paysage et chaumière.

Auprès d'un massif de cabanes couvertes en chaume et ombragées d'arbres touffus, coule une rivière dont les eaux baignent les bords du site qui, par sa simplicité, prête à la méditation. Ce tableau est traité dans la manière de Ruisdael.

DECKER ET OSTADE.

91 — Paysage.

C'est au milieu d'une forêt que des paysans, hommes, femmes et enfants ont établi leur modeste demeure qui consiste dans une simple maisonnette devant laquelle ils s'exercent simultanément.

DECKER.

92 — Fortifications sur les bords de la Meuse.

DEHEUSCH (W.).

93 — Paysage baigné par une rivière.

DENNER (BALTHASAR).

94 — Tête de vieillard.

Les qualités qui distinguent ce peintre sont la précision qu'il mettait à rendre d'une manière saillante jusqu'aux moindres détails de la figure humaine.

DEVRIES.

95 — Paysage.

Site baigné d'une rivière traversée par un pont, près duquel un villageois et deux femmes causent ensemble.

DEVRIES.

96 — Paysage.

Jeune pâtre s'entretenant avec une bergère assise au pied d'un arbre; plus loin un piéton chemine dans l'intérieur d'un bois.

DOES (Jacques Vander).

97 — Le Pâturage.

Jeune garçon et jeune fille endormis dans la campagne auprès de leur troupeau.

DOES (Jacques Vander).

98 — Paysage pastoral.

Des vaches de différentes couleurs et plusieurs brebis, gardées par un pâtre, sont dispersées sur le devant du paysage et y répandent, autant d'intérêt que de variété ; plus loin, sur une petite éminence, s'élèvent les ruines d'un ancien monument. Très bel ouvrage de ce maître.

DOES (Vander).

99 — Femme assise dans un parc orné de statues et caressant un mouton.

DOW (Gérard).

100 — L'Astronome.

Un savant lit attentivement dans un livre placé sur l'appui d'une fenêtre cintrée, à côté d'une sphère. Au fond, on remarque des livres dans une bibliothèque et une mappe-monde dessus.

Cette production se distingue par une grande finesse d'exécution.

DOW (Gérard).

101 — Portrait de Femme âgée.

Elle est vue en buste presque de face, coiffée d'un petit bonnet et le col orné d'une belle collerette tombant sur sa robe noire garnie de fourrures. Ce bon tableau a beaucoup de rapport avec ceux de la première manière de Rembrandt dont Gérard Dow était élève.

DROGSLOOT.

102 — Les Œuvres de Miséricorde.

Composition d'une immense étendue, offrant sur tous les plans des scènes touchantes de distributions aux pauvres, de secours aux malades et de soins généraux à toute la classe indigente. Ce sujet, traité aussi par Téniers, est un des tableaux les plus remarquables et dont Drogsloot s'est heureusement inspiré.

DUC (Jean le).

103 — La Leçon de Musique.

DUC (Jean le).

104 — Portrait d'un Militaire.

Il est revêtu de l'uniforme d'officier et dans l'attitude du commandement.

DURER (Albert).

105 — L'Adoration des Mages. — (Tryptique).

Au milieu d'un édifice en ruines, Jésus enfant, reçoit les hommages des rois d'Orient, dont la nombreuse suite se développe dans toutes les directions du paysage. Marie, le regard baissé, soutient son divin fils sur ses genoux et paraît touchée des honneurs dont il est l'objet. A droite, des Anges dirigent leur vol vers le lieu de la scène et célèbrent par des hymnes l'ineffable bienfait de la venue du Messie. Le volet gauche offre deux sujets dont celui du bas représente sainte Catherine près de l'instrument de son supplice, et le dessus la même sainte aux pieds du Sauveur. Sur le volet de droite, on remarque le martyre d'une sainte tenant un livre et la palme rémunératrice des élus; la partie supérieure de ce volet la fait voir à genoux près du bourreau qui va lui trancher la tête.

Les volets sont peints par Van Orlay.

DURER (Albert).

106 — Saint Georges combattant l'Idolâtrie.

Armé pour la défense de la foi, le guerrier religieux terrasse l'Idolâtrie figurée par un monstre. La Religion, sous les traits d'une femme, est à gen..., les mains jointes, près d'un agneau. Saint Georges, monté sur un beau cheval blanc magnifiquement caparaçonné, la tête couverte d'un casque à visière levée et le corps couvert d'une riche armure, se dispose à frapper de sa large épée le monstre qu'il a blessé en lui brisant sa lance dans les flancs ; les traits du vainqueur respirent une noble assurance ; on reconnaît sa foi en celui pour qui il combat.

Ce tableau, d'un fini précieux et bien conservé, obtiendra des vrais connaisseurs toute l'attention que commandent à la fois sa rareté et son mérite.

MÊME ÉCOLE.

107 — L'Adoration des Mages.

La Vierge assise, les yeux baissés, présente son fils à l'adoration des rois d'Orient qui lui apportent de riches présents ; une suite nombreuse accompagne les Mages et se presse pour voir l'enfant Dieu.

DUSART (CORNEILLE).

108 — Extérieur de ferme.

Devant une chaumière où l'on voit une charrette et des instruments de labourage, une bonne femme est assise tenant sur ses genoux un chien qu'agace un petit garçon, action qui fait rire un valet de ferme placé à peu de distance d'un autre enfant assis à terre ; un âne, des porcs, un coq et des poules ajoutent encore à la variété de cette scène rustique.

DUSART (CORNEILLE).

109 — Intérieur de ménage.
Pendant du précédent.

A droite, sur le devant, une jeune mère allaite un petit enfant qu'elle vient de sortir de son berceau ; du côté opposé et sur un plan plus reculé, un couple bien uni cause devant le feu. Divers accessoires, tels qu'une chaufferette, un panier d'osier, sur lequel on a étendu du linge, et autres ustensiles, complètent, avec un chien, le matériel comme le personnel de la composition.

Ces deux tableaux ont tout-à-fait l'aspect des bons ouvrages d'Ostade, dont on sait que, de tous les peintres qui ont suivi ce grand modèle, Dusart est celui qui a le plus approché.

DUSART (Corneille).

110 — Paysage.

Enfants et villageois arrêtés devant une hôtellerie.

ECKHOUT (Van).

111 — Portrait d'un jeune garçon.

DYCK (Van).

112 — Sainte-Famille.

La Vierge tient sur ses genoux l'Enfant-Jésus et le présente à la vénération de sainte Élisabeth.

Dans son genre, ce petit tableau est un chef-d'œuvre de perfection.

ENGHELBRECHT.

113 — Hommages rendus au Fils de Dieu (Tryptique).

L'adoration des Rois se passe dans l'intérieur d'un temple d'architecture moresque ; le Sauveur, sur les genoux de sa divine mère, tend les mains pour recevoir un vase précieux plein de pièces d'or que lui présente un des Mages à genoux ; pendant ce temps, les deux autres se disposent aussi à faire leurs présents ; une nombreuse suite entoure le lieu de la scène en se prolongeant au loin jusqu'au pied d'une haute montagne parsemée de fabriques. Sur les volets un autre peintre a représenté probablement les donateurs, hommes et femmes, sous des habits religieux.

Nous ne devons pas négliger de faire remarquer que l'on ne rencontre que bien rarement des ouvrages gothiques de cette importance réunissant autant de mérite, surtout comme richesse de composition, à une aussi belle conservation.

F. V. A.

114 — Tel est le monogramme d'un tableau qui rappelle les ouvrages de Janeck.

Un charlatan, accompagné de ses accolytes, débite sur un théâtre, dressé à la porte d'une ville, devant une foule de spectateurs de conditions, âges et attitudes variées, les qualités merveilleuses de son orviétan. Piétons et cavaliers sont tout yeux et oreilles, surtout devant l'opérateur placé derrière son maître et qui extrait une dent, *sans douleurs !* de la bouche grimaçante d'un pauvre diable qui a eu le malheur de changer un état, peut être supportable, en celui de patient véritable.

FERGUSSON.

115 — Nature morte.

Perdrix suspendue par la patte dans une niche ; des chardonnerets et autres oiseaux morts sont posés sur l'entablement ; un filet est accroché à la muraille.

Ce tableau est peint avec un soin et une finesse extrêmes.

FERGUSSON.

116 — Nature morte.

Gibiers, perdrix et autres oiseaux morts suspendus à la muraille ou placés sur une table.

Tableau très fin.

FLINCK (GOVAERT).

117 — Portrait d'un Hollandais et de son fils.

Ce personnage est représenté assis devant une table, occupé à écrire ; il est distrait de son occupation par son fils qui lui montre un livre qu'il tient à la main.

Il y a tant de ressemblance entre ce tableau et ceux de Rembrandt, que beaucoup de personnes le regardent comme un ouvrage de ce dernier maître.

GAEL (Barent).

118 — Halte à la porte d'une auberge.

Tandis que des villageois sont arrêtés devant une hôtellerie pour se rafraîchir, quelques voyageurs, dans des chariots attelés de plusieurs chevaux, se dirigent vers la campagne.

GAEL (Barente).

119 — Choc de cavalerie. (Pendant du précédent.)

Sur la lisière d'un bois deux partis ennemis se livrent un combat acharné à l'arme blanche et au pistolet.

GAEL (Barente).

120 — Le Marché aux Chevaux.

Trois cavaliers exercent leurs montures devant un groupe de spectateurs ; à peu de distance, un maquignon fait l'article auprès de deux autres personnes. Différentes figures enrichissent encore cette composition.

Ces trois tableaux sont de la meilleure qualité.

GAEL (Barente).

121 — Le départ pour la Chasse au Faucon.

Trois cavaliers, précédés d'un valet qui porte l'oiseau, et suivis d'une meute de chiens, pressent leurs coursiers impatients et doublent leur ardeur en faisant entendre les sons des cors de chasse dont chacun est pourvu ; ils quittent les dépendances d'une ferme, et se hâtent d'arriver dans cette partie des champs qui s'offre à la vue du spectateur.

GONZALES (Coques).

122 — La Promenade.

Noble personnage et son épouse se promenant dans la campagne ; ils sont accompagnés d'une servante tenant un enfant et d'une petite fille avec son chien ; dans le fond on distingue quelques habitations.

Bon tableau de ce maître.

GONZALES (Coques).

123 — Même sujet.

Magistrat hollandais et sa femme, accompagnés de leur famille et d'une société des deux sexes qui s'est jointe à eux.

GONZALES (Coques).

124 — Portrait de femme.

Charmant ouvrage offrant les traits d'une jeune Hollandaise dont les mains gantées sont croisées l'une sur l'autre. Une jolie exécution et le plus parfait fini feront remarquer ce petit tableau.

GOYEN (Van).

125 — Vue d'un port.

Ville de la Hollande, sur la Meuse, où abordent des navires à voiles et des barques de pêcheurs.

GRYEFF.

126 — Nature morte.

Un daim d'une belle espèce, des lièvres, des perdrix, des faisans et autres pièces de gibiers, sont groupés avec des ustensiles de chasse au pied d'un arbre, et gardés par une meute nombreuse de chiens de races variées.

Tableau capital de ce maître.

HAGEN (Van der).

127 — Intérieur de forêt.

Ce paysage, l'un des plus beaux de l'auteur, est animé par quelques figures à cheval peintes dans le goût de Vandenvelde.

HAKKERT.

128 — Paysage avec figures.

Vers la gauche du second plan, sur une éminence, est un bois assez touffu ; du côté opposé une campagne cultivée ; le devant est baigné en partie par un courant d'eau près duquel se voit un homme portant des faucons.

HALS (Dirck).

129 — Intérieur d'appartement.

Après une légère collation, un cavalier s'amuse à pincer de la guitare près d'une dame qui joue du violon.

HARLEM (Dirck Van).

130 — Tableaux en deux parties séparées par une colonne et représentant des sujets de la Bible.

Dans la première, la reine de Sabba, accompagnée des dames de sa cour, offre ses hommages au roi Salomon. Dans la deuxième, le même roi accueille ses courtisans, et reçoit leurs hommages.

HEEM (David de).

131 — Corbeille remplie de fruits de diverses espèces.

HEEM (David de).

132 — Nature morte.

Sur une table de pierre, recouverte d'un tapis, sont groupés, d'un côté, différents fruits, et de l'autre, un homard et une orange dans un plat d'argent ; plus loin un bocal, des raisins, et un livre de musique.

HEEM (David de).

133 — Fruits de diverses sortes.

Un panier rempli de raisins, prunes, pêches et autres fruits à côté d'autres raisins de diverses espèces, citrons, oranges, verres à liqueurs, huîtres, etc.; le tout posé sur une table en partie recouverte d'un linge.

HELMONT (Van).

134 — Noce de village.

C'est la composition la plus capitale, sans contredit, de ce peintre qui a le plus approché de Téniers son maître; on y reconnaît la même facilité de pinceau, le même éclat dans les couleurs, et cette expression franche et spirituelle qui distingue ses plus heureuses productions.

Le tableau que nous avons sous les yeux offre le développement d'une grande place de village de Flandre où se donne un repas de famille. Le père et la mère, une jeune fiancée, des parents invités, des enfants de tout âge, tous sur des plans différents, offrent un pêle-mêle de personnes de différentes conditions. Cette scène est égayée par un joueur de vielle dont la transformation appollonienne a pour but de réjouir et d'enchanter les assistants. De tous côtés on voit les accessoires du festin, les vases propres aux libations, les provisions de table et les objets de détail qui sont rendus avec une précision digne de la plus belle époque de la peinture flamande.

HELMONT (Van).

135 — Intérieur de laboratoire.

Le chimiste, un livre à la main, dicte à son élève des préceptes sur les opérations dont il est témoin; d'autres aides sont occupés dans le fond à des préparations chimiques. Un grand nombre d'accessoires, spirituellement rendus, font ressortir toutes les qualités brillantes du pinceau de cet habile peintre.

HELMONT (Van).

136 — Kermesse ou Fête de village.

Grande réunion de villageois attablés à la porte d'une chaumière, occupés à boire, fumer ou causer; dans le fond, d'autres paysans se livrent au plaisir de la danse.

HELST (Vander).

137 — Portrait d'un Magistrat.

Les armoiries qui figurent dans le coin du tableau indiquent un personnage de haute noblesse.

HEMELINCK.

138 — *Ex Voto* (tryptique).

La Vierge Marie et son divin fils dans un paysage ; un voile blanc couvre une partie de la chevelure de la mère de Dieu, et vient retomber sur l'ample manteau rouge qui l'enveloppe ; deux Anges soutiennent une couronne en diamants au dessus de sa tête ; sur le volet gauche se voit un évêque debout à côté du donateur agenouillé et de ses fils, et dans le fond une porte de ville avec figurines ; l'autre volet représente un saint personnage accompagné de trois jeunes filles, complétant, sans doute, la famille du donateur.

Toutes les productions de l'école gothique sont remarquables par un caractère de touchante simplicité et une grande vérité d'expression et du sentiment pieux.

HEMELINCK.

139 — Portrait de femme.

Une jeune dame écrit dans un livre placé sur un pupitre ; elle est vue de face et à mi corps ; ses cheveux sont retenus dans un réseau, et un double rang de chaîne d'or orne son cou. Un vase, un livre surmonté d'un sablier et autres objets sont placés à côté d'elle.

Ce portrait, d'une extrême naïveté, est peint avec la plus grande délicatesse.

HOBBEMA (Minderhout).

140 — Paysage.

Au milieu, un canal aboutit en droite ligne à l'horizon et baigne le devant de la composition. Ce canal est traversé par un léger pont de bois sur lequel passe un paysan qui se dirige vers la chaumière que l'on voit à gauche, et qui est close du côté du bord de l'eau par une palissade et abritée par des arbres qui s'élèvent avec légèreté sur un ciel nuageux ; des canards et leurs petits nagent sur le devant.

La simplicité de cette composition est relevée par les qualités résultant de son effet.

HOBBEMA.

141 — Paysage.

Au milieu, on remarque un canal traversé par un pont et bordé de maisonnettes et arbres touffus; quelques figures de villageois animent ce paysage d'une exécution facile et pleine de goût.

HOET (Gérard).

142 — Bacchanale et libations dans un paysage.

HOLBEIN (Jean).

143 — Sainte-Famille.

La Sainte Vierge, assise près d'une table, donne à boire à son divin Fils qui tend les mains pour se saisir du verre qui lui est présenté. Sainte Anne fait remarquer à l'époux de Marie le mouvement de Jésus.

HOLBEIN (Jean).

144 — Portrait d'une jeune femme.

Elle est vue à mi-corps, de face, comptant des pièces d'or et d'argent et paraissant réfléchir. Tableau plein de vérité et de naïveté.

HOLBEIN (Jean).

145 — Petit portrait d'homme les mains jointes.

HOLBEIN (attribué à).

146 — Portrait du docteur Joannes a Kempis.

Il est debout devant une console et tient un livre entre ses mains.

Cette peinture nous paraît postérieure à l'époque de ce peintre.

H. (1662).

147 — Paysage et figures.

Tel est le monogramme peu lisible d'un bon paysage qui a beaucoup de ressemblance avec les ouvrages de la première manière d'Hobbema : il est baigné, au milieu et sur le devant, par une rivière au bord de laquelle des pêcheurs, dans une barque, retirent leurs filets, et sur le deuxième plan on voit des chaumières entourées d'arbres.

Excellent tableau d'un ton clair et d'une touche pétillante.

HONDE KOETER (MELCHIOR).

148 — Oiseaux de basse-cour.

Dans un beau paysage, où l'on aperçoit çà et là quelques restes d'antiquité, un magnifique coq de basse-cour, la patte levée, l'œil aux aguets, paraît craindre quelque danger; une belle poule blanche, attentive à tous ses mouvements, s'empresse de s'entourer de ses poussins pour les protéger par ses ailes étendues et les mettre à l'abri. Ce qui cause leur effroi est un singe qui gaspille des fruits; il est à droite, à peu de distance d'un paon dont le riche plumage effleure le sol.

Ce tableau, d'une finesse d'exécution surprenante, est l'imitation parfaite de la nature.

HONDE KOETER.

149 — Réunion de divers animaux.

Volatiles de basse-cour effrayés à la vue d'un oiseau de proie venant d'égorger une poule qu'il a emportée sur une branche d'arbre. A gauche, un paon, d'autres oiseaux et des lapins s'enfuient épouvantés. Ouvrage capital.

HONDE KOETER.

150 — Paysage.

Concert d'oiseaux de divers plumages tels que pigeon, coq, héron, paon, perroquet, etc. Les uns attirent les autres sur les branches d'un arbre dont l'une supporte un cahier de musique. Tableau capital.

HONDIUS (Abraham, 1668)

151 — Sujet biblique.

Les apôtres Paul et Barnabas s'indignent à la vue des sacrifices que le peuple de Lystre s'apprête à leur faire en les saluant des noms de Jupiter et de Mercure.

Grand-prêtre, sacrificateur, victime, joueur d'instrument, peuple, rien ne manque à l'effet de ce tableau, dont la conservation est parfaite.

HOOGH (Pierre de).

152 — Intérieur de salle hollandaise.

Sur le devant de la composition, on remarque une jeune servante donnant à une petite fille une cannette qu'elle vient de remplir à un tonneau placé dans le cellier qui se voit au fond à gauche; du côté opposé est une autre pièce conduisant à l'extérieur. Le jour, qui vient d'une fenêtre ouverte, éclaire vivement la salle principale et réfléchit mystérieusement dans les deux autres.

HORREMANS.

153 — Festin sous un péristyle.

Le héros principal est à table, il tient un vidrecome rempli de liqueur, et, dans son exaspération bachique, il en fait hommage à une belle personne parée et placée près de lui.

HORREMANS.

154 — Le Colin-Maillard.

Au milieu, une jeune fille les yeux bandés, est entourée par ses compagnes et par des jeunes gens qui la lutinent.

HORREMANS.

155 — Réunion de villageois devant une chaumière un jour de fête.

HORREMANS.

156 — Intérieur dans lequel on voit des dames et des cavaliers occupés à jouer aux cartes.

HUGTEMBURG.

157 — Choc de cavalerie entre les Allemands et les Turcs.

Bon tableau de ce maître.

KAREL DU JARDIN (Signé et daté de Rome).

158 — Paysage et animaux.

Vaches, chèvres, moutons et brebis dans un courant d'eau qui baigne la partie droite du site. Le troupeau est gardé par une bergère filant sa quenouille et qui écoute un pâtre jouer du tambour de basque. Le fond du paysage est masqué par de hautes et arides montagnes élevant leurs crêtes dans les airs.

KAREL DU JARDIN.

159 — Le pâturage (pendant du précédent).

Troupeau d'animaux commis à la garde de plusieurs bergers. Au loin, on découvre un pays montagneux se détachant sur un ciel brillant et bleu nuagé. Un ton calme et harmonieux règne sur tout le tableau.

KEYSER (Théodore).

160 — Intérieur d'un appartement.

Réunion de personnages hollandais, hommes, femmes et enfants, dans une salle de réception; leur costume indique une haute distinction.

KEYSER (THÉODORE).

161 — Portrait de femme.

Jolie Hollandaise représentée debout presque de face et vêtue élégamment.

Les ouvrages de Keyser sont aussi rares que pleins de mérite.

KLOMP (ALBERT).

162 — Paysage.

Belle vache broutant l'herbe d'une prairie ombragée de quelques arbres.

KLOMP (ALBERT).

163 — Troupeaux de vaches au pâturage dans une prairie.

KNELLER.

164 — Portrait d'une jeune fille.

Elle est assise dans un parc, appuyée contre un piédestal et vue de face jusqu'aux genoux. Une robe de satin et un châle, négligemment jeté sur ses épaules, forment l'ensemble de sa parure; ses longs cheveux tombent sur son sein découvert.

KNELLER.

165 — Portrait de femme.

Jeune personne debout caressant un petit chien : elle est vêtue d'une robe décolletée à manches courtes.

KONINGH.

166 — Paysage.

Quelques arbres ombragent des chaumières bâties sur une éminence dont la pente se prolonge dans la campagne où l'on voit un cavalier.

LAAN (Vander).

167 — Intérieur d'appartement.

Tandis qu'une jeune dame pince de la guitare près de deux personnes qui l'écoutent, son cavalier regarde un officier faire une partie de trictrac avec une charmante personne. Il est rare de rencontrer autant de qualités chez ce maître.

LAAR (Pierre de).

168 — Troupeau de bestiaux près d'une métairie.

LAMBRECHTS.

169 — Intérieur rustique.

Un paysan belge, attablé à côté de sa maîtresse, fixe l'attention d'un enfant et d'une femme qui les regardent boire alternativement dans le même verre.

LANTZEN.

170 — Paysage et animaux.

Moutons au pâturage gardés par un pâtre.

LEEUW (Vander).

171 — Paysage pastoral.

Sous un bouquet d'arbres, deux bergers gardent leurs troupeaux de vaches et de moutons.

LINGELBACH.

172 — Les misères de la guerre.

Parmi les nombreux épisodes qui composent cette scène de désordre, on remarque au milieu le chef de la troupe entouré d'officiers et regardant de sang-froid d'infortunés paysans à genoux les mains jointes, qui implorent sa clémence. Près de là un cavalier tient une femme couchée sur son cheval, et un autre traîne deux paysans attachés à la queue du sien. Pendant ce temps, la troupe, répandue dans la campagne, est sans pitié : comme son chef, elle porte de tous côtés le pillage, le feu et la mort.

LUCAS DE LEYDE.

173 — **Les portraits d'un financier et de sa femme vus à mi-corps.**

Dans le fond de l'un de ces tableaux, on remarque un intérieur de village, et dans l'autre un intérieur de ville. Ces représentations sont sans doute celles des lieux où ils ont reçu le jour.

LUCAS DE LEYDE.

174 — **Descente de croix.**

Pendant qu'on procède à détacher Notre-Seigneur, les Saintes Femmes sont au pied de la croix dans la plus profonde douleur.

MAAS DIRCK.

175 — **Chasse au cerf.**

Cavaliers et dames poursuivant un cerf à travers des ravins. Charmant tableau de ce maître.

MAES.

176 — **Combat naval.**

L'action est engagée sur toute la ligne entre les flottes anglaise et hollandaise. A droite, deux gros vaisseaux se canonnent ; à gauche, des embarcations sauvent l'équipage d'un navire qui coule bas. Tableau capital.

C'est la première fois que nous voyons une marine portant le nom de ce maître.

MOLENAER.

177 — Musico flamand.

Au milieu d'une nombreuse compagnie réunie dans cet intérieur, on remarque une sorte de bohémienne disant la bonne aventure à une jeune fille : des personnages des deux sexes et de différents âges, groupés à l'entour, regardent et écoutent avec la plus grande attention. A droite, quelques enfants s'amusent à l'opposé de ces hommes placés devant une cheminée. Tout le monde ici boit, fume, gesticule et s'égosille à qui mieux mieux, au point qu'un joueur de violon s'escrime en vain pour se faire entendre dans ce tohu-bohu bachique.

MOLENAER.

178 — Paysage, effet d'hiver.

Canal glacé chargé de patineurs. Sur le devant, un cheval tire un traîneau rempli de voyageurs; à droite, d'autres voyageurs à pied et à cheval se dirigent vers un village.

MOLENAER.

179 — La séduction inutile.

Un vieillard offre des joyaux à une jeune fille qui leur préfère son amant dont elle prend le bras.

MOMERS.

180 — Marché aux légumes dans une ville d'Italie.

Ce tableau, qui attirera sans doute l'attention des amateurs, est animé par beaucoup de figures de toutes conditions, bien dessinées, et dont les attitudes n'expriment pas moins de naturel que de variété : il offre aussi l'assemblage d'une infinité d'objets de consommation de la plus agréable fraîcheur de coloris.

MOMERS.

181 — Le pâturage.

Une villageoise trait sa vache dans une prairie où paissent des moutons.

MIEL (Jean).

182 — Le déjeuner frugal.

MIÉRIS (signé François, 1680).

183 — Intérieur d'appartement.

Un officier cuirassé est assis devant une table sur laquelle est une bouteille de liqueur : en la contemplant avec un sourire de convoitise, il charge sa pipe ; un jeu de cartes placé devant lui atteste qu'il attend son partner fort occupé ailleurs avec une jeune dame.

MIÉRIS (Guillaume).

184 — Portrait d'un jeune garçon.

Enfant assis sur la terrasse d'un palais, près d'un piédestal ; il a la main droite appuyée sur une cage d'osier, et de la gauche il tient un morceau de pain qu'il présente au prisonnier qu'il a élargi. On aperçoit dans le fond la cime des arbres d'un parc.

MIREVELT (Michel).

185 — Portrait d'homme.

Il est représenté à mi-corps, ajusté d'une collerette à larges plis, la main gauche appuyée sur sa hanche ; son attitude est fière et imposante.

MUSSCHER (M.-Van).

186 — Portrait de femme.

Elle est richement vêtue et assise dans un paysage, la main gauche appuyée sur un tertre garni de fleurs et la droite posée sur son cœur.

NEEFFS (Peeter).

187 — Intérieur d'église, effet de jour.

La vue en est prise au milieu, où l'on découvre le chœur, qui s'aperçoit à travers un jubé ; à gauche les chapelles sont ornées de tableaux. Beaucoup de figures de toutes conditions sont distribuées avec art sur tous les plans du monument.

NEEFFS (Peeter, 1644).

188 — Intérieur d'église.

Le point de vue est pris du milieu et laisse voir la nef, le chœur, et les chapelles meublées de tous leurs accessoires religieux. Sur le devant, on distingue des personnages parmi lesquels est un cavalier donnant la main à une dame; ils sont précédés de deux pages portant des flambeaux.

NEER (Vander).

189 — Effet de lune.

La composition est occupée dans toute sa profondeur par un canal où se remarquent quelques barques à la voile; les deux rives sont bordées d'arbres, de fabriques diverses et de moulins; sur le devant, deux pêcheurs, dans un bateau, sont près d'un tertre.

NEER (Vander).

190 — Ville de la Hollande sur le bord de la Meuse.

NEER (Eglon-Vander).

191 — Intérieur d'appartement.

Au milieu, un noble personnage et sa femme sont assis près d'une table garnie de livres et de divers accessoires. Ces détails d'ameublement y sont rendus avec une fidélité minutieuse et vraie.

NEER (Eglon-Vander).

192 — La leçon de musique.

Une jeune personne, assise à son clavecin, est accompagnée par un cavalier.

NEER (Eglon-Vander).

193 — Intérieur hollandais.

Jeune dame vue à mi-corps et rajustant avec grâce les plis de sa robe.

NETSCHER (Gaspard).

194 — Famille dans un parc.

Dans l'intérieur d'un parc, décoré de statues, on remarque une dame de distinction entourée de ses enfants.

NETSCHER (Constantin).

195 — Charles Ier et sa Famille.

Épisode inspiré par la peinture du beau tableau de Vandick, qui se voit à Windsor.

NETSCHER (Constantin).

196 — Portrait de femme.

Jeune fille près d'une fontaine et étendant la main sous le filet d'eau qui jaillit du bec d'un cygne qui la décore.

NETSCHER (Constantin).

197 — Portrait d'un jeune garçon.

Jeune garçon debout dans un paysage; il tient une chèvre en laisse qui menace de ses cornes un chien aboyant après elle.

NETSCHER (Constantin).

198 — Pendant du précédent.

Jeune fille, debout dans un paysage, appuyée contre un piédestal sur lequel est un perroquet.

OCTERVELT.

199 — Intérieur d'appartement hollandais.

Une dame assise près de sa servante, se tenant debout, examine un jeune garçon qui vient d'entrer. La scène est éclairée par le jour d'une croisée qui laisse apercevoir les autres habitations de la ville.

OCTERVELT.

200 — Intérieur de chambre hollandaise.

Jeune personne tenant une broderie.

OCTERVELT.

201 — L'Etude.

Elle est représentée par une jeune fille occupée à dessiner. Plusieurs ouvrages au crayon sont placés sur une table devant elle

OSTADE (Adrien).

202 — Intérieur d'estaminet.

Au milieu de la salle, quatre paysans belges entourent un tonneau qui leur sert de table : ils boivent, fument et causent à qui mieux mieux, tandis que, dans le fond, un buveur courtise la maîtresse du logis. Un homme placé sur une échelle, un enfant qui mange la soupe et deux autres fumeurs près de la cheminée, forment des épisodes non moins bien rendus que les autres et ajoutent au charme de cet excellent tableau qui gagnera beaucoup à être nettoyé.

PALAMÈDES.

203 — Choc de cavalerie.

Parmi les nombreuses figures qui composent cette image d'un combat sanglant et meurtrier, on remarque un officier monté sur un cheval blanc, tirant un coup de pistolet à un soldat qui lui porte un coup de lance; à gauche, des groupes de cavaliers ennemis cherchent à prendre ou à défendre une pièce de canon.

Ce tableau est d'une couleur blonde et du meilleur *faire* de Palamèdes.

PALAMÈDES.

204 — Intérieur d'appartement.

A droite, quatre dames assises écoutent attentivement deux de leurs compagnes qui tiennent la conversation sur un chapitre intéressant, à en juger par l'attention qu'elles y portent. Du côté opposé, et près d'une cheminée, plusieurs femmes donnent leurs soins à de jeunes enfants, et au fond une servante verse à boire à des cavaliers.

Cet ouvrage est un des bons de ce maître.

PALAMÈDES.

205 — Nobles personnages faisant de la musique.

Réunion nombreuse de cavaliers et de dames dans un intérieur de salon richement décoré ; on voit, entre autres personnages, un joueur de violoncelle qui captive l'attention des assistants.

PALAMÈDES.

206 — Le campement.

Des cavaliers et des fantassins occupent tout le fond de la composition ; sur le devant on aperçoit les principaux personnages buvant le coup de l'étrier. Ce tableau porte la signature d'Albert Cuyp, et il a toujours passé pour être de ce maître dans la collection d'où il sort.

PYNACKER.

207 — Vue du Campo Vaccino, à Rome.

Au milieu du site, et sur le premier plan, un homme, monté sur un cheval blanc, tient une femme en croupe ; il est suivi d'un petit nègre et de plusieurs chiens ; à gauche, des paysans jouent aux boules au pied d'un arc de triomphe ; plus loin, un villageois, sur un âne, conduit un troupeau de vaches et de moutons. Des débris de colonnes, restes d'un antique édifice, se voient sur différents plans.

POELEMBOURG (CORNEILLE).

208 — Nymphes et Satyres.

Dans un site mêlé de rochers, des Nymphes se sont retirées, et, libres dans leur retraite, elles se livrent à des jeux de toute espèce. L'une d'elles danse avec un Satyre, une autre, surprenant un berger endormi, semble vouloir l'éveiller par une espièglerie.

Tableau gravé.

POELEMBOURG (Corneille).

209 — Jeune femme assise tenant un enfant sur ses genoux.

Tableau d'une couleur charmante.

PÉTERS (Bonaventure).

210 — Mer houleuse.

Sous un ciel fortement nuagé et laissant encore apercevoir quelques parties claires, on découvre une vaste étendue de mer portant des navires et des barques de pêcheurs.

PORBUS.

211 — Portrait d'homme.

Placée debout, près d'une table, cette martiale figure tient d'une main la garde de son épée, l'autre appuyée sur la table. Une jolie exécution, jointe à la plus grande vérité, distingue ce petit ouvrage.

Il est peint sur argent et porte derrière les armes du personnage.

POTTER (Paulus).

212 — Tête de taureau.

Elle est plus forte que nature, vue jusqu'aux épaules, et semble beugler. L'animal est admirablement bien rendu, est d'un relief et d'une vérité de couleur qui le font sortir du tableau. Le grand style du dessin et la fermeté de la touche rendent ce tableau égal, sinon supérieur, aux meilleurs ouvrages connus de ce maître.

RACHEL-RUSYCH.

213 — Touffe de plantes.

De beaux chardons réunis à des fleurs des champs, telles que coquelicots, pâquerettes roses et autres; sur une branche un oiseau, et dans l'air des papillons que trois lézards cherchent à surprendre, forment un de ces groupes sauvages familiers à l'auteur que l'on pourrait surnommer le *Salvator* des jardins.

REMBRANDT.

214 — Réunion de famille dans un appartement.

Les personnages sont représentés de grandeur naturelle jusqu'à mi-jambe, et regardant le spectateur; leur costume annonce l'aisance. Le père est assis entre son fils et sa fille aînée, et la mère debout a à ses côtés deux autres enfants frère et sœur; elle tient devant elle sa plus petite fille qui a une rose à la main.

Ceux qui connaissent ce grand maître dans sa manière claire, pourront apprécier ce tableau extraordinaire.

REMBRANDT.

215 — Portrait de femme âgée.

Elle est représentée assise dans un fauteuil et lisant devant une table sur laquelle est un livre ouvert qui paraît l'attacher profondément. Un petit béguin couvre sa tête, et une robe noire complète son ajustement; le calme et la bonté respirent dans les traits de cette physionomie: rien de plus étonnant que le modelé de la figure, la vigueur et le prestige du coloris.

Quelques personnes ont attribué ce tableau à N. Maas.

ROMBOUTS.

216 — Paysage.

Au milieu, une femme, assise sur le bord du chemin, à l'ombre d'un arbre, cause avec un piéton.

ROOS (KAREL DE).

217 — Pâturage.

Deux tableaux faisant pendants, représentant chacun des vaches, chèvres et moutons au pâturage.

RUBENS.

218 — La Vierge et l'Enfant-Jésus.

La Vierge tient l'Enfant-Jésus; la robe dont elle est vêtue est d'une étoffe cramoisie qui, malgré la puissance de ses reflets, se soutient d'harmonie avec les tons de chair.

RUBENS ET SNEYDERS.

219 — Amours jouant avec des fruits.

Groupes d'Amours voltigeant et soutenant une guirlande de fruits.

Dessin, ordonnance, exécution, coloris, tout est bien dans ce tableau.

RUBENS.

220 — Le martyre de saint Lievens.

Deux aides tiennent le saint renversé tandis que le bourreau vient de lui arracher la langue avec des tenailles et la jette aux chiens; des soldats, armés de lances, s'enfuient épouvantés à la vue d'Anges, porteurs de foudres, qui planent dans le ciel. Les regards du saint martyr sont tournés vers les régions célestes où il aperçoit la palme destinée aux élus.

Esquisse d'un tableau qui orne le musée de Bruxelles.

RUBENS (ECOLE DE).

221 — La Vierge, l'Enfant-Jésus, saint Jean et sainte Anne.

RYCKAERT (DAVID).

222 — Intérieur d'estaminet.

Réunion de buveurs et fumeurs.

RUYSDAEL (JACQUES).

223 — Paysage et Cascade.

Dans un site, dont le fond montagneux est surmonté d'un château, des eaux s'échappent de leur source et viennent tomber en cascades entre des rochers qui en interrompent le cours; un bouquet d'arbres, sur la droite, complète l'ensemble de ce paysage qui, dit-on, a fait partie de la collection de la Malmaison.

RUYSDAEL (Jacques).

224 — Paysage.

Il offre à la vue un pays montagneux, baigné à gauche par une rivière qui coule en serpentant à travers un pays boisé et vient arroser le devant de la composition ; plusieurs groupes de jolies figures sont au bord de l'eau ; on y remarque un homme se lavant les pieds, et une femme portant un paquet sur la tête, à côté d'un jeune enfant et d'un villageois couchés sur le gazon.

RUYSDAEL (Signé Jacques).

225 — Paysage.

Sur le devant d'une chaumière, bâtie en briques et couverte en chaume, et non loin de la haie qui l'entoure, une femme lave du linge dans un courant d'eau ; deux villageois causent à peu de distance. Le site offre un pays montagneux et boisé ; des roseaux, des plantes sauvages et des troncs d'arbres meublent la gauche de ce bon ouvrage.

RUYSDAEL (Salomon).

226 — Marine.

Une vue des bords de la Meuse, avec indication de ville dans le lointain.

Frère du célèbre Jacques Ruysdael, Salomon rivalisa quelquefois avec lui.

RUYSDAEL (Salomon).

227 — Paysage.

Chaumières ombragées par de grands arbres et situées au bord d'une rivière sur laquelle se trouvent des barques à la voile et un bac rempli de passagers et de bestiaux qui abordent le rivage. Tableau peu ordinaire de ce maître.

SCHALKEN (G.).

228 — Effet de lumière.

Intérieur d'estaminet dans lequel un homme et une femme, assis à une table, sont occupés à jouer aux cartes à la lueur d'une bougie ; deux autres personnages les regardent, tandis que la cabaretière versé à boire.

SCHENDEL (Yan).

229 — Effet de lumière.

Intérieur d'appartement où l'on voit une famille hollandaise réunie autour d'une table.

SCHYNDEL (Bernard).

230 — Intérieur de Musico.

Ce tableau, qui est probablement l'un des plus capitaux de l'auteur, représente une nombreuse assemblée se livrant à tous les plaisirs et se permettant toutes les libertés du cabaret; on remarque principalement, au milieu, quatre joueurs de tritrac à côté d'un cavalier qui tient une femme sur ses genoux.

SCHYNDEL.

231 — Fête de village.

Devant une rangée de maisons, des saltimbanques et des marchands de chansons sont entourés de curieux qui les écoutent.

SCHYNDEL.

232 — Intérieur d'estaminet.

Nombreuse société réunie dans une salle basse et qui semble s'être partagée en deux groupes, dont l'un fume et se livre plus particulièrement à la causerie, et l'autre prend plaisir au jeu dit de la pantoufle.

SCHOEUFFELIN.

233 — L'entrée de Jésus à Jérusalem.

234 — Jésus dans le jardin des Oliviers.

235 — La Résurrection de Jésus.

236 — Jésus délivrant les âmes du Purgatoire.

Ces quatre tableaux fort curieux, de l'ancienne école allemande, font pendant.

SCHOOTEL.

237 — Marine.

Mer houleuse à l'approche du vent qui s'élève; des barques de pêcheurs s'empressent de s'éloigner d'une basse terre et de gagner le port que l'on voit dans le lointain.

SLINGELANDT (Pierre Van).

238 — Portrait d'une dame hollandaise.

Elle est assise près d'une table, dans un appartement; une large collerette couvre une partie de sa robe, ses mains sont placées l'une sur l'autre.

La naïve simplicité de ce portrait et son précieux fini le feront remarquer des amateurs.

SNAYERS (Pierre).

239 — Choc de cavalerie.

A peu de distance d'un village, des cavaliers ennemis se sont rencontrés et s'attaquent avec acharnement.

SNEYDERS.

240 — Intérieur de cuisine.

Gibiers, poissons, grappes de raisin groupés sur une table à côté d'un quartier d'agneau et d'un panier remplit de fruits. Une femme parle à une jeune fille qui revient du marché avec un panier contenant des volailles.

SNEYDERS.

241 — Chasse au sanglier.

Un vieux sanglier fait ferme à une meute de chiens de forte race qui le pressent de tous côtés; sa rage est au comble; déjà elle s'est assouvie sur plusieurs des plus terribles assaillants.

DU MÊME.

242 — Esquisse du tableau précédent.

STEEN (JEAN).

243 — Le Concert bachique.

Un homme et deux jeunes femmes sont assis devant une table placée au milieu d'une salle, ils regardent en riant un pauvre joueur de musette et un garçon qui souffle dans sa clarinette; mais ce qui excite encore plus leur gaîté, c'est le concert que leur donne un chat tourmenté par un jeune enfant qui lui tire les oreilles et la queue; pour compléter la symphonie, un chien s'est mis de la partie en grognant contre son malheureux compagnon; à gauche, la bonne maman fait danser un petit enfant sur ses genoux, tandis que son époux, placé derrière elle, a les yeux attachés sur un livre; au fond, près d'une croisée, un homme et une femme exercent leur babil. Des ustensiles de ménage sont épars sur le plancher, et un panier d'osier est suspendu au plafond.

Cet agréable tableau est digne de l'attention des amateurs.

STEEN (JEAN).

244 — Intérieur d'estaminet.

Deux hommes sont attablés devant un tonneau; le plus jeune s'abandonne complétement à la délectation de sa liqueur, et l'autre, plus admirateur du sexe, présente son verre à une servante dont la taille offre une obésité qui ne laisse point à douter qu'elle ne soit bientôt mère; près de là, un buveur emplit son broc à même la pièce.

STEEN (JEAN).

245 — La Dispute intérieure.

Dans une chambre, où règne le plus grand désordre, trois femmes furieuses de colère viennent de terrasser un homme qu'elles empêchent de se relever malgré ses efforts; une autre femme et un enfant pleurent à la vue de cette scène et des ustensiles de ménage épars sur le sol. L'expression et le mouvement se joignent à une finesse remarquable dans cet excellent tableau.

STEEN (JEAN).

246 — Intérieur du chirurgien de village.

Le peintre s'est rendu chez un chirurgien pour se faire panser la jambe; il est assis sur un escabeau, et le docteur lève l'appareil.

L'expression du patient est admirable de vérité; derrière lui, sa sœur, la religieuse, compatit à ses souffrances, et dans le fond, un élève semble apprêter quelque spécifique.

Cette scène est rendue avec une vérité et une force d'expression qui excitent la sympathie du spectateur : chaque figure à son caractère, et l'ensemble forme une composition de la plus singulière originalité.

STEENWICK (HENRI VAN).

247 — Vue intérieure d'un temple protestant.

On remarque près de la chaire un groupe de femmes, et dans le chœur des hommes en prière; à gauche, une dame, tenant un enfant par la main, s'entretient avec un cavalier, tandis que sur le devant de jeunes drôles, manquant à la révérence du lieu, se livrent au jeu. Tableau d'un bel effet.

STOOP.

248 — La Toilette d'une dame hollandaise.

Les figures et les accessoires sont précieusement peints dans le goût de Mieris dont ce tableau porte la signature.

STORCK (ABRAHAM).

249 — Combat naval entre deux escadres anglaise et hollandaise.

C'est bien l'image de tout ce qu'une bataille sur mer peut offrir de périls, de désordres, de bravoure et d'activité.

SWANEVELT (HERMAN).

250 — Paysage, site d'Italie.

La partie gauche est ombragée d'arbres dont la cime se détache sur un beau ciel; une campagne, entrecoupée de rivières, offre la vue d'anciens édifices romains et de fabriques. Deux pâtres gardent un troupeau de bestiaux. Elève de Claude Lorrain, Swanevelt se fit admirer à Rome du temps même de son maître.

SWANEVELT.

251 — Vue d'une campagne d'Italie.

Deux bergers se reposent sous des arbres touffus pour éviter la chaleur du jour.

TENIERS.

252 — Paysage.

Devant la porte d'une auberge deux villageois causent avec le cabaretier; à gauche une femme, tenant un enfant par la main, se dirigent vers un village dont on aperçoit l'église.

TENIERS.

253 — Paysans flamands conversant près de la chaumière d'une vieille femme.

TENIERS père.

254 — Danse de village.

TOORNVLIET (Jacques).

255 — Réunion de nobles personnages.

Trois dames et deux cavaliers sont attablés et prennent le café sur la terrasse d'un palais; d'autres personnages enrichissent cette composition qui est une des plus belles de ce maître.

TOORNVLIET (Jacques).

256 — Le Concert bachique.

Trois bons flamands sont réunis dans un estaminet ; l'un joue du violon, un autre chante, et le troisième les écoute.

VANBLOEMEN.

257 — Le départ.

Palefrenier disposant les chevaux des seigneurs qui les attendent.

VANDYCK et RUBENS.

258 — Portrait d'un moine.

Une ancienne tradition rapporte ceci : Rubens et Vandyck, dans un pélerinage qu'ils firent ensemble, surpris tous deux par un mauvais temps, furent accueillis charitablement par un religieux qui leur donna l'hospitalité. En reconnaissance de cet acte de générosité, ils firent concurremment ce portrait, qui fut vendu dans les temps orageux de la révolution.

VANDYCK.

259 — La mort de Jésus.

Marie, dont les yeux tournés vers le ciel, expriment la plus profonde douleur, soutient le corps de son Fils qui vient d'être détaché de la croix; à genoux, près d'elle, Madeleine baise avec respect une des mains glacées de Jésus; saint Jean, debout, en arrière de la pécheresse, tient une draperie.

VAN DYCK et SEGHERS.

260 — La Vierge et l'Enfant-Jésus.

Guirlande de fleurs de la plus belle exécution, entourant la Vierge et l'Enfant-Jésus. Les fleurs sont peintes par Seghers, appelé le Jésuite d'Anvers, et qui a excellé dans ce genre.

VAN DYCK.

261 — Portrait de Marie de Médicis.

Elle est représentée de grandeur naturelle, vêtue de noir, et portant collerette plissée; elle tient une rose à la main.

VAN DYCK.

262 — L'Assomption de la Vierge.

VELDE (Adrien Vanden).

263 — Herminie chez les Bergers.

Après s'être égarée dans un bois pour échapper à un poste avancé de chrétiens, Herminie, sous l'armure d'un guerrier, tient son cheval par la bride et semble interroger un des pâtres qu'elle a rencontrés sur la route qu'elle doit suivre; ce dernier est assis sur un tertre ombragé d'arbre, et garde un beau troupeau de bœufs, vaches, chèvres et moutons; près de lui un jeune garçon retient un chien qui aboie; à gauche une femme, assise sur l'herbe, cause avec un homme appuyé sur son bâton, tout en veillant à un nombreux troupeau d'animaux de diverses espèces.

VELDE (GUILLAUME VANDEN).

264 — Mer calme.

Plusieurs navires, barques de pêcheurs et petites embarcations, sont à peu de distance les uns des autres. La manière savante avec laquelle ces bâtiments sont distribués, est des plus variées. Un ciel bien nuagé se reflète dans l'eau, et donne un accord parfait d'harmonie à cette composition.

VINTRANCK.

265 — Paysage et oiseaux.

Des oiseaux dans un paysage accidenté de plantes aquatiques. Au milieu d'arbres sur lesquels sont perchés des volatiles d'espèces variées, on aperçoit les restes d'un édifice.

VINTRANCK.

266 — Paysage entrecoupé de sites montagneux et garni, de chaque côté, de hautes plantations.

WEENIX.

267 — Réunion de gibier.

Un beau chevreuil est étendu sur une table, non loin de divers oiseaux accrochés à la muraille; à côté, un chien de chasse, monté sur la table, s'approche d'un homme qui dépouille un lièvre.

WEENIX (J. B.).

268 — Réunion de famille dans un parc.

Une dame, assise près de son époux, est accompagnée de deux enfants qui portent des fruits et des fleurs; un beau chien de chasse vient caresser le plus jeune.

VERKOLIÉ.

269 — Dame à sa toilette.

Une jeune Hollandaise, vêtue d'une robe de satin, se pare des bijoux que lui présente sa suivante.

WERF (Vander).

270 — Portrait d'un Magistrat hollandais.

Nous ne pouvons indiquer le nom de ce personnage, mais il est vrai de dire qu'il est exécuté avec une rare perfection.

WERPÉ.

271 — Le Médecin aux urines.

Debout, au milieu d'une pièce où tout est en désordre, le moderne Esculape regarde attentivement le contenu d'une fiole que lui a remise une femme qui attend sa décision, ainsi que sa fille qui est assise près d'elle. D'autres figures concourent à la richesse de ce tableau.

WINKENBOOM.

272 — Les Baigneuses.

Réunion de jeunes et jolies femmes se baignant dans un bassin situé au milieu d'un parc. Tableau très fin.

WITTE (Emanuel de).

273 — Intérieur d'église.

Ce charmant petit tableau est d'une finesse d'exécution remarquable.

WITTE (Emanuel de).

274 — Intérieur d'un temple protestant.

On y remarque la chaire et les accessoires du culte réformé; au premier plan une dame causant avec deux hommes; à droite une femme tenant un enfant sur ses genoux, à peu de distance d'un mendiant qui se dirige vers un officier pour lui demander l'aumône.

WITHOOS (Mathieu).

275 — Paysage.

Réunion de belles plantes sauvages à l'entour desquelles voltigent un oiseau et un papillon ; un lézard, une grenouille, rampent au pied.

WOLGEMUTH.

276 — Le portement de croix.

Le Christ cheminant vers le Calvaire qui se dessine au loin. Ouvrage bien conservé pour son époque.

WOUVERMANS (Philippe).

277 — Paysage.

Un cheval, attaché par la bride à un arbre, est confié à la garde d'un chien, tandis que le maître est à quelques pas plus loin. Bon tableau.

WOUVERMANS (Philippe).

278 — Le Maréchal ferrant.

Un impatient cavalier attend qu'un maréchal ait achevé sa besogne et rendu libre un beau cheval blanc que son compagnon de voyage doit monter. Cette scène se passe devant la porte d'une hôtellerie où l'on aperçoit de joyeux convives.

Ce tableau est gravé.

WOUVERMANS (Philippe).

279 — Le Retour aux champs.

Un villageois conduit un troupeau de bestiaux à travers des ravins montueux et sabloneux. Ces figures se détachent sur un ciel heureusement nuagé.

WOUVERMANS (Pierre).

280 — Halte de voyageurs.

Deux nobles personnages, arrêtés à la porte d'une hôtellerie, se sont fait servir quelques rafraîchissements pendant que leur compagne, restée sur son cheval, attend que les montures aient achevé la ration qu'un valet est occupé à leur retirer. La cabaretière, placée sur sa porte, semble regretter le départ de ses hôtes. Dans le lointain, deux cavaliers cheminent le long d'une rivière.

WOUVERMANS (Pierre).

281 — Intérieur d'Ecurie.

Ce tableau est gravé sous le titre de : *la Petite Ecurie*.

WYNANTS (Jean).

282 — Paysage.

Monticule surmonté d'arbres et dont la pente est prolongée jusque vers un ruisseau. En avant de ce terrain montueux s'élève un arbre dépouillé de ses branches et environné de chardons et de plantes sauvages ; quelques figures dans le lointain dues au pinceau de Lingelback.

Ce tableau est de la plus belle qualité et du premier mérite.

W. B.

283 — L'Annonce aux Bergers.

Monogramme d'un tableau peint dans la manière de Zolmaker.

W. W.

284 — Vue de la Meuse bordant les remparts d'une ville.

La manière dont les eaux et les figures sont touchées rappelle les ouvrages de William Vanden Velde, dont ce tableau porte le monogramme.

ZEEMANN.

285 — Vue du Zuyderzée.

Vue très étendue du Zuyderzée couvert de navires, grands bâtiments marchands, barques et canots. Un ciel nuageux, présageant un orage, couvre toute cette vaste composition, pouvant être assimilée aux œuvres tant recherchées de Guillaume Vanden Velde.

SOLEMACKER.

286 — Paysage.

Deux pâtres occupés à dégager d'une entrave le pied d'un bœuf; près d'eux une jeune fileuse gardant un troupeau de moutons.

ZORG.

287 — Intérieur d'estaminet rustique.

Trois bons Flamands entourent un banc qui leur sert de table; l'un d'eux regarde son camarade qui savoure la fumée de sa pipe; tandis que le second prend le réchaud pour en faire autant; dans le fond des buveurs, placés devant une cheminée; divers ustensiles de ménage sont épars sur le plancher. Ouvrage de choix de ce maître et peint avec un soin tout particulier.

ZORG.

288 — Pendant du précédent.

GAINSBORO.

289 — Portrait d'un Ministre protestant.

HOGARTH (William).

290 — La Paysanne novice. — École anglaise.

Quatre gentilshommes et deux jeunes filles, assis autour d'une table bien servie, y prennent un succulent repas. L'une des femmes, élégamment parée, semble parfaitement faite à pareille compagnie: mais il n'en est pas de même de l'autre; simple comme au village, dont elle porte les habits, et peu habituée aux usages du monde, elle se sert de ses doigts en guise de fourchette; son action fait naître le sourire sur les lèvres des convives, dont l'un, plus indulgent, veut bien lui donner une leçon de bien vivre. Il n'est pas jusqu'aux gens de service des deux sexes, entourant la table, qui ne prétendent s'égayer aux dépens de la provinciale hôtesse, qu'ils sont obligés de servir à l'égal de sa compagne la *grande dame.*

WRIGHT DE DERBY.

291 — Marine. — École anglaise.

Des navires à la voile manœuvrent pour entrer dans le port. Bon tableau de ce maître; gravé par Wolett.

WILSON.

292 — Vue prise à Tivoli. — Même école.

On aperçoit la campagne de Rome, et sur une éminence formée de rochers le temple de la Sibylle tiburtine. Peintre dans le système large des grands maîtres italiens, Wilson est regardé dans sa patrie comme un des artistes qui lui font le plus d'honneur.

ÉCOLE FRANÇAISE.

BOUCHER.

293 — La toilette de Vénus.

294 — Vénus étendue sur un lit de repos et jouant avec l'Amour.

CLERC, des Gobelins.

295 — La chaste Suzanne surprise au bain.

CLOUET, dit JEANET.

296 — Portrait de la reine Elisabeth d'Angleterre.

GILLOT

297 — La Danse champêtre.

GILLOT.

298 — La Balançoire.

Composition riche en figures des deux sexes masquées et travesties, occupées de tendres conversations et se livrant aux plaisirs de la jeunesse.

GREUZE.

299 — Portrait de Madame Roland.

Cette femme célèbre est représentée à mi-corps et dans le costume de l'époque.

JAURAT.

300 — Danse de cavaliers et dames dans l'intérieur d'un parc.

LACROIX.

301 — Port de mer sur la Méditerranée.

LACROIX.

302 — Même sujet.

LANCRET.

303 — Le Concert.

Deux jeunes filles assises et tenant un cahier de musique, se disposent à chanter, tandis que des joueurs de flûte et de guitare préludent à leur accompagnement.

LEBRUN (Mme VIGÉE).

304 — La Réflexion ou le Souvenir.

Belle femme nue, nonchalamment couchée sur un lit de repos; sa tête est appuyée sur une main, et elle a l'autre posée sur un bouquet de fleurs. Tableau aussi bien peint qu'il est agréable.

LORRAIN (Claude Gelée, dit le).

305 — Paysage, effet de soleil.

Ce tableau est gravé dans l'œuvre de vérité sous le titre du Paysage au palmier.

LORAIN (Claude Gelée, dit le).

306 — Port de mer.

Sur un quai, situé près d'une porte de villa, des matelots sont occupés à décharger un navire ; plus loin, d'autres navires et de légères embarcations sont à l'ancre ou à la voile.

MIGNARD.

307 — Portrait d'une dame célèbre de la cour de Louis XIV.

PATER (Jean-Baptiste).

308 — Débarquement à l'île de Cythère.

De beaux et jeunes couples d'amants, après avoir traversé le fleuve de *Tendre*, se dirigent vers le temple de l'hymen ; ils y sont conduits par un essaim d'Amours voltigeant au-dessus de leur tête, et ceux déjà arrivés échangent, assis sur la verte pelouse, de doux propos d'amour.

RAOUX.

309 — La Vestale.

Une jeune et jolie dame, représentée en Vestale chargée d'entretenir le feu sacré qui brûle sur l'autel : son costume n'est point celui d'une prêtresse, mais d'une femme en robe de satin du dix-huitième siècle. C'est ainsi que l'histoire romaine était traduite sous Louis XV, avec des femmes fardées, vêtues d'étoffes à la mode et chaussant le cothurne satin broché.

RAOUX.

310 — Le Bal champêtre.

Un galant cavalier, costumé à l'espagnole, y figure avec une jeune élégante, au son de la guitare et du hautbois. Toute une jeunesse parée est présente à ce divertissement qui a lieu dans un parc décoré de statues.

RAOUX.

311 — Le Rendez-vous.

Un jeune seigneur de la cour de Louis XV a donné rendez-vous à la dame de ses pensées à son retour de la chasse. La belle est assise sur un banc de jardin, son fusil auprès d'elle ; à ses pieds est le gibier, trophée de ses prouesses ; elle parle complaisamment à son cavalier, caresse son chien, et reçoit des provisions de fruits et de liqueurs que lui présente un valet.

On cite peu de dames à cette époque dont l'adresse ait été de concert avec la hardiesse pour le maniement des armes ; mais il était d'usage que les personnes de condition se fissent peindre en héroïne belliqueuse ou chasseresse.

RAOUX.

312 — Les Offres réciproques.

Le berger dit : « Accueillez mes chants langoureux en échange de la corbeille de fleurs que vous avez cueillies. » C'est le sujet qu'offrent les deux figures qui forment cette composition pastorale ; et si les tableaux sont faits pour la récréation des yeux, de l'esprit et du cœur, il n'y a point de doute que les ouvrages de Raoux ne possèdent toutes ces conditions ; l'absence d'une rigoureuse sévérité de style a bien aussi sa compensation dans le charme qui, comme la grâce, n'a pas besoin d'explication.

RAOUX.

313 — L'Echange agréable.

« Tu n'auras pas un des fruits qui remplissent ma corbeille, si tu ne m'accordes un baiser. » C'est du moins l'action mimique des deux personnages qui font l'objet de ce tableau. Le peintre a surmonté une difficulté dans la manière dont il a éclairé la tête de la jeune femme : on croirait qu'il s'est inspiré du fameux portrait de Rubens connu sous le titre de *la Dame au chapeau de paille*.

RAOUX.

314 — Le Berger endormi.

« Si vous le chatouillez, gare au réveil ! il pourra vous en cuire, jeune imprudente qui caressez malicieusement avec un épi le menton du jeune berger profondément endormi devant vous. »

Ce tableau, plein d'intention et de finesse, est rendu avec tout l'esprit d'espièglerie que comporte le sujet.

RAOUX.

315 — La Consultation du miroir par deux jeunes femmes.

Tel reflet avantageux que leur donne cette glace, elle ne peut les rendre ni plus blanches ni plus belles; toutes deux, avec un caractère de physionomie différent, ont en partage la grâce, l'enjouement et des traits d'une irrégularité délicieuse ; ce ne sont ni des profils grecs ni des minaudières usurpant la beauté, ce sont deux jeunes femmes fraîches, brillantes de santé, privilégiées par la nature de tout ce qui concourt à les rendre jolies.

Le peintre Raoux, dont tous les modèles étaient heureusement choisis, a réussi complètement dans ce tableau où tout est en abondance, jeu de lumière, demi-teintes délicatement ménagées; c'est un mélange de la palette de Rubens et de celle de Van Dick ; il y entre une substance de ces deux grands maîtres, force de coloris et transparence.

STELLA (Jacques).

316 — Le Repos de la Sainte-Famille.

WATTEAU (Antoine).

317 — L'Accordée de village.

C'est sous ce titre et sous celui de la *Mariée de village* que ces deux tableaux sont gravés.

Dans le premier, on voit sous une tente la jeune fiancée et son amant assis près d'une table, à côté du tabellion qui se dispose à faire le contrat que lui dictent les parents. Des groupes de jeunes villageois des deux sexes, en costume de fête, de jeunes seigneurs et des dames élégamment parées se promènent en causant ou se livrent au plaisir de la danse.

La scène se passe dans un paysage à la porte d'une ville.

WATTEAU.

318 — **La Mariée de village, pendant du précédent.**

Au milieu d'une nombreuse société, le jeune couple, précédé des parents et d'une troupe de musiciens, se dirige vers un temple ; le cortége est suivi par une foule de curieux de toutes conditions qui se trouvent sur le passage.

Il serait fort long d'énumérer toutes les figures de ces deux importantes compositions, et encore plus de décrire les actions de chacun ; nous nous bornerons à dire qu'ils offrent l'image fidèle des fêtes villageoises que l'on représentait sur le théâtre à cette époque.

Deux ouvrages en tapisserie, des mêmes sujet et grandeur, existent dans la collection du duc de Devonshire, en Angleterre, raison pour laquelle Watteau les a peints de cette grandeur extraordinaire.

WATTEAU.

319 — **La Diseuse de bonne aventure.**

De jeunes dames, curieuses de connaître leur avenir, se sont réunies dans un parc pour y entendre d'une devineresse leur horoscope.

WATTEAU.

320 — **Danse, Concert et Conversation dans l'intérieur d'un parc.**

WATTEAU (de Lille).

321 — **Scène familière prise dans les environs de la Flandre française.**

WILLE fils.

322 — Le Couronnement d'une rosière,

Le seigneur de village, entouré d'une nombreuse société, se dispose à procéder à l'intéressante cérémonie du couronnement d'une rosière, cérémonie en usage depuis le temps du bon roi Henri.

Les principaux personnages de cette scène sont des portraits des membres de la famille noble pour laquelle ce tableau, un des plus parfaits de cet excellent imitateur de Greuze, a été fait. On y distingue, en outre, plusieurs figures caractéristiques bien connues dans les petites localités, telles que le vieux mendiant, le crieur public, et autres, rendues avec esprit et bonhomie.

L'importance de ce tableau en épisodes gracieux et naturels, et la vérité des détails, en font un des *specimen* les plus désirables pour les amateurs de l'école française.

WILLE fils.

323 — Le Retour.

Un fils, après une longue absence, rentre au logis paternel; c'est en présence d'une famille nombreuse, d'une épouse chérie, de frères et de sœurs, dont il reçoit des témoignages d'affection, que ce fils vole dans les bras d'un père vieux et infirme. Ce tableau, qui avait été attribué à Greuze, a été rendu à son véritable auteur par la découverte de la signature.

324 — Sous ce numéro seront vendus les tableaux omis.

www.ingramcontent.com/pod-product-compliance
Lightning Source LLC
Chambersburg PA
CBHW070213230526
45471CB00002B/942